QUOTE UNQUOTE

Italian

QUOTE UNQUOTE

Italian

Edited by
ANTHONY LEJEUNE

STACEY
INTERNATIONAL

Stacey International
128 Kensington Church Street
London W8 4BH
Telephone: +44 (0)20 7221 7166 Fax: +44 (0)20 7792 9288
Email: info@stacey-international.co.uk
www.stacey-international.co.uk

First published by Stacey International in 1998
as part of *The Concise Dictionary of Foreign Quotations*

© Stacey International 2008

ISBN: 978-1-9052-9957-7

Series editor: Anthony Lejeune
Assistant editor: Kitty Carruthers

British Library Cataloguing-in-Publication Data
A catalogue record for this publication is available from
the British Library

PUBLISHER'S PREFACE

'All life is in Italy!' – an exclamation voiced both by the young Lucy Honeychurch, arriving in Florence at the opening of EM Forster's novel *A Room with a View*, and, surely, the fortunate owner of this pocket book. For, much like the pasta on offer in an Italian *trattoria*, the quotations served here come in all shapes and sizes.

'Live for today' is the sauce that binds this fare. For life under the Mediterranean sun is lived *presto*, and *pronto*, in contrast to many an Englishman's experience in such climes. 'Cogliam' la rosa in sul mattino adorno. Di questo di che tosto il seren perde.' Torquato Tasso urges us to 'Gather the rose while time thou hast. Short is the day once it has begun'.

Adages, too, caution against delay, wavering, or procrastinating. Italian folk are reminded that 'È meglio aver oggi un uovo, che domain una gallina' ('It is better to have an egg today than a hen tomorrow'). Like abstinence, timidity is met with suitably short shrift: 'Chi non fa, non falla' ('He who does nothing makes no mistakes'), and the cautionary 'Chi non risica non rosica' ('He who risks not, nibbles not'). Lest we need it, Giuseppe Saragat reminds us that: 'Gli italiani guadagnano netto, ma vivono lordo' ('Italians earn net, but they live gross').

If time is Italy's engine, rumbustious confrontation is her fuel. The old proverb, 'Tre cose cacciano l'uomo di casa: fumo, goccia e fimmina arrabiata' ('Three things will make a man flee from home: smoke, a leaking roof, and an angry wife'), surely rings true for many a Signor.

And however fraught life may be, Italians can always look to their Catholic faith for this-world reassurance: 'Che'l nome di Dio e di guadagno' ('In the name of God and of profit') was the sound motto adorning the Merchant of Prato's accounting books. But even in these papal lands, it is arguably opera that takes centre stage. It is surely no accident that this most musical of tongues should remain the universal language of music. Rossini, of course, understood this: 'Datemi una nota della lavandaia e la metterò in musica' ('Give me a laundry list and I will put it to music'). The Italian opera house: truly, 'a room with a view' on all Italy.

Christopher Ind
September 2007

Adami & Simoni (first performed in 1926)
Nessun dorma.
None shall sleep.
> *Puccini's Turandot*

Agnelli (1921-2003)
I miracoli si possono fare, ma con il sudore.
Miracles can be achieved, but only with sweat.
> *From an interview in Corriere della Sera, 1994*

Scipione Alberti (1542-93)
I pensieri stretti e il viso sciolto.
Secret thoughts and open countenance [will go safely over the whole world].

Vittorio Alfieri (1749-1803)
Al giovanile
Bollor tutto par lieve.
To the fire of youth all tasks seem light.

Non nella pena,
Nel delitto è l'infamia.
Disgrace is not in the punishment, but in the crime.

Giulio Andreotti (born 1919)
A pensare male si fa peccato, ma spesso si indovina.
To think badly [of someone] is a sin, but often it turns out to be true.

Il potere logora chi non ce l'ha.
Power wears down those who don't have it.

L'umiltà è una virtù stupenda. Ma non quando si esercita nella dichiarazione dei redditi.
Humility is a splendid virtue. But not when used in declaring income.

Si fa bene a tenere un diario; ed è utile che tanta gente lo sappia.
One does well to keep a diary; and it is useful that others are aware of it.

Cecco Angiolieri (1260-1312)

S'i' fossi fuoco, ardereï 'l mondo;
S'i' fossi vento, lo tempesterei;
S'i' fossi acqua, i' l' annegherei;
S'i' fossi Dio, manderei in profondo;
S'i' fossi papa, allor sarei giocondo,
Ché tutt'i cristiani imbrigarei;
S'i' fossi 'mperator, ben lo farei:

If I were fire, I'd light the world;
If I were wind, I'd blow it away;
If I were water, I'd sink it;
If I were God, I'd dispatch it to the depths;
If I were Pope, then I'd be merry
That I could meddle with all Christians;
If I were emperor, I'd do that well:
I'd cut everyone's head clean off.

A tutti taglierei il capo a tondo

Gabriele D'Annunzio (1863-1938)

E piove su i nostri volti silvani,
Piove su le nostre mani ignude,
Su I nostri vestimenti leggieri,

Su i freschi pensieri che l'anima schiude novella,
Su la favola bella che ieri
m'illuse, che oggi ti illude,
O Ermione.
And it rains upon our woodwild faces, it rains on our
naked hands, on our light clothes, on the fresh
thoughts which the soul, renewed, discloses, on the
lovely fable that yesterday beguiled me, that today
beguiles you, O Hermione.

 Alcyone: La pioggia nel pineto

Forse che sì, forse che no.
Perhaps yes, perhaps no.

 Title of a book (inspired by a motto incised on the ceiling of
 the Ducal Palace at Mantua, which, in turn, was inspired
 by an old Tuscan expression)

Me ne frego.
I don't give a damn.

 Motto during the seizure of Fiume

Meglio un morto in case che un pisano all'uscio.
It is better to have a corpse in the house than a Pisan
on your doorstep.

 Italian insult, though not always about Pisans

Memento Audere Semper. (Ricorda di osare sempre.)
Remember always to dare.

 Motto created by D'Annunzio

Taci. Sulle soglie
del bosco non odo

parole che dici
umane; ma odo
parole piú nuove
che parlano gocciole e foglie
lontane.
Hush. On the edge of the wood I do not hear a
human word you say; but I hear newer words, spoken
by far-off drips and leaves.

    Alcyone, La pioggia nel pineto

Vado verso la vita.
I am headed towards life.

    Statement of Parliament when D'Annunzio dramatically
    abandoned his seat on the right to join the seats of the
    extreme left

Vittoria nostra, non sarai mutilata.
Our victory, you shall not be mutilated.

Anon
Torino piange quando il Prence parte
E Roma esulta quando il Prence arriva.
Firenze, culla della poesia e dell'arte,
Se ne infischia quando giunge e quando parte.
Turin weeps when the king departs
And Rome is joyous when the king arrives. Florence,
fount of poetry and art, cares not a whit in either case.

Ludovico Arioso (1474-1533)
Natura il fece, e poi roppe la stampa.
Nature made him, and then broke the mould.

    Orlando Furioso

Massimo d'Azeglio (1798-1866)

Ad un governo ingiusto nuoce più il martire che non il ribelle.

To an unjust government a martyr is more harmful than a rebel.

   I miei ricordi

Michelangelo Buonarroti (1475-1564)

Assai acquista chi perdendo impara.

Much is gained by those who learn from their losses.

Rime

Caro m'è il sonno e più l'esser di sasso,
Mentre che 'l danno e la vergona la dura.
Non veder, non sentir m'è gran ventura;
Però non mi destar, deh! Parla basso.

Slumber is sweet, but it were sweeter still, to turn to stone while shame and sorrow last, nor see, nor hear, and so be freed from ill; Ah, wake me not! Whisper as you go past!

   Ibid., Epigramma

La forza d'un bel viso a che mi prone?
C'altro non è c'al mondo mi diletti:
ascender vivo fra gli spiriti eletti, per
grazia tal, c'ogn'altra par men buona.

What does the power of a beautiful face spur me to? Nothing on earth I hold so rich a prize: To soar, while still alive, to paradise, by way of such incomparable grace.

5

O notte, o delce tempo, benché nero,
O ombra del morir, per cui si ferma
Ogni miseria, a l'alma, al cor nemica,
Ultimo degli afflitti e buon rimedio;

O night, O sweet time, although black, O shadow of death, for whom each affliction, the enemy of soul and heart, is suspended, last and best remedy of the wretched.

Rime

Si dipinge col cervello e non con le mani.
One paints with the brain, not the hands.

Lettere

Count Galeazzo Ciano (1903-44)
La vittoria trova cento padri, e nussuno vuole riconoscere l'insuccesso.
Victory find a hundred father, but no one willingly adopts a failure.

Luciano De Crescenzo (born 1928)
Berna è grande il doppio del cimitero di Vienna, ma ci si diverte solo la metà.
Berne is twice the size of the Vienna cemetery, but one enjoys Berne only half as much.

Benedetto Croce (1866-1952)
Alla domanda: 'Che cos'è l'arte?' si potrebbe rispondere celiando (ma non sarebbe una celia sciocca): che l'arte è ciò che tutti sanno che cosa sia.
To the question 'What is art?' one could jokingly reply

(although it would not be so outlandish a joke) that
art is that which everyone recognises as such.

Breviario di estetica

*L'arte si regge unicamente sulla fantasia: la sola sua
ricchezza sono le immagini. Non classifica gli oggetti, non
lipronunzia reali o immaginari, non li qualifica, non li
definisce: li sente e rappresenta. Niente di piú.*
Art relies purely on the imagination. Images are its
only wealth. It does not classify objects, does not
pronounce them real or imaginary, does not qualify
them, does not define them; it feels and presents
them. Nothing more.

Problemi di estetica

*L'errore parla con una doppia voce, una delle quali afferma
il falso, ma l'altra lo smentisce.*
Error speaks with two tongues, one of which utters a
falsehood, while the other denies it.

Breviario di estetica

La critica è un fucile molto bello: deve sparare raramente!
Criticism is like a very beautiful gun: it should be fired
rarely!

*La nostra individualità è una parvenza fissata dal nome,
cioè da una convenzione.*
One's individuality is seemingly affixed to a name, in
short, to a convention.

Etica e politica: Frammenti di etica

Dante (1265-1321)

Amor, ch'al cor gentil ratto s'apprende.
Love, whose lesson a gentle heart doth quickly learn.
> *Divina Commedia, Inferno*

Amor mi mosse, che mi fa parlare.
Love moved me, as it moves me now to speak.
> *Ibid*

Amore e 'l cor gentil sono una cosa.
Love and the gentle heart are but one thing.
> *Vita Nuova*

Biondo era e bello e di gentile aspetto.
He was fair-haired and handsome and his aspect was noble.
> *Divina Commedia, Purgatorio*

Che giova nelle fata dar di cozzo?
What do you gain by locking horns with fate?
> *Ibid., Inferno*

Che molte volte al fatto il dir vien meno
I often have to tell less than I saw.
> *Ibid.*

Che ti fa ciò che quivi si bispiglia? Vien dietro a me, e lascia dir le genti: sta come torre ferma, che non crolla già mai la cima per soffiar di venti.
Why should you care about what's whispered here?
Come follow me, and let these people talk: stand like

a sturdy tower that does not shake its summit though
the winds may blast.

    Ibid., Purgatorio

Chimavi 'l cielo 'ntorno vi si gira,
mostrandovi le sue bellezze etterne,
e l'occhio vostro pur a terra mira.
Heaven would call you and encircle you; would show
you its eternal beauties; yet your eyes would only see
the ground.

    Ibid.

Colui che non intende ed ode.
He who hears and does not understand.

    Ibid., Paradiso

E caddi, come
corpo morto cade.
Then swooning, to the ground like a corpse I fell.

    Ibid., Inferno

E dietro la venia sí lunga tratta di gente, ch'io non avei mai
creduto, che morte tanta n'avesse disfatta.
And behind came so long a train of people that I
should never have believed death had undone so
many.

    Ibid. (about the Trimmers)

E quindi uscimmo a riveder le stelle.
Thence we came forth to see the stars again.

    Divina Commedia, Inferno

E'n la sua volontade è nostra pace.
In his will is our peace.
  Ibid., Paradiso

*Genti v'eran con occhi tardi e gravi, di grande autorità ne'
lor sembianti; parlavan rado, con voci soavi.*
There people were whose eyes were calm and grave,
whose bearing told of great authority; they spoke
seldom and always quietly.
  Ibid., Inferno

Guarda com'entri e di cui tu ti fide.
Take care how you enter and in whom you trust.
  Ibid.

Il Maestro di color che sanno.
The Master of them that know.
  Ibid. (about Aristotle)

L'amico mio, e non della ventura.
My friend, who is no friend of Fortune.
  Ibid.

L'amor che move il sole e l'altre stelle.
The love that moves the sun and the other stars.
  Ibid., Paradiso; last line

La bellissima e famosissima figlia di Roma, Fiorenza.
Rome's most beautiful and most famous daughter,
Florence.
  Il Convivio

Lasciate ogni speranza, voi ch'entrate.
Abandon all hope, ye who enter here.
   Divina Commedia, Inferno

Le cose tutte quante
Han ordine tra loro.
Among all things there reigns an order.
   Ibid., Paradiso

Libertà va cercando, ch'è sí cara, come sa chi per lei vita
rifiuta.
He goes in search of Liberty, and how dear that is, as
he who renounces life for her well knows.
   Ibid, Purgatorio

Maledetta sei tu, antica lupa, che piú di altre bestie ha
preda per la tua fame sanza fine cupa!
May you be damned, o ancient wolf, whose power can
claim more prey than all other beasts, for your hunger
is deep and insatiable.
   Ibid.

Negli occhi porta la mia donna Amore;
Per che si far gentil ciò ch'ella mira.
In her eyes my lady carries love, and so makes gentle
what she looks upon.
   Vita Nuova

Nel mezzo del cammin di nostra vita
Mi ritrovai per una selva oscura,
Che la diritta via era smarrita.
Midway along the path of this our mortal life, I found
myself in a gloomy wood, gone astray from the right
road.

   Ibid., Inferno (opening lines)

Nella chiesa
Co' santi, ed in taverna co' ghiottoni.
Church is for saints and the tavern for gluttons.

   Ibid., Paradiso

Nessun maggior dolore,
Che ricordarsi del tempo felice
Nella miseria.
No greater sorrow than to remember the happiness of
yesterday in the hour of present misery.

   Ibid., Inferno

Noi leggiavamo un giorno per diletto
Di Lancialotto, come amor lo strinze;
Soli eravamo e senza alcun sospetto.
Per piú fiate gli occhi ci sospinse
Quella lettura, e scolorocci 'l viso.
We read one day for pastime, seated nigh,
Of Lancelot, how love enchain'd him too.
We were alone, quite unsuspiciously.
But oft our eyes met, and our cheeks in hue
All o'er discolour'd by that reading were.

   Ibid.

Non ragioniam di lor, ma guarda e passa.
Let us not speak of them, but look, and pass on.
Ibid.

O dignitosa coscienza e netta,
come t'è picciol fallo amaro morso!
O pure and noble conscience, you in whom each
petty fault becomes bitter remorse!
  Ibid., Purgatorio

Oh cieca cupidigia e ira folle,
che sí sproni nella vita corta,
e nell'etterna poi sí mal c'immolle.
Oh, blind cupidity and insane wrath, spurring us on
through our short life on earth, to steep us then
forever in such misery.
  Ibid., Inferno

Per me si va nella città dolente,
per me si va nell'etterno dolore,
per me si va tra la perduta gente.
Through me lies the way to the sorrowful city;
through me lies the way to eternal sorrow, through me
lies the way among the lost people.
  Ibid.

Quando leggemmo il disiato riso esser baciato da cotanto
amante, questi, che mai da me non fia diviso, la bocca mi
baciò tutto tremante: Galeotto fu il libro e chi lo scrisse:
quel giorno piú non vi leggemmo avante.
It was when we read about those longed-for lips being
kissed by such a famous lover, that this one (who shall

13

never leave my side) then kissed my mouth and
trembled as he did. It was the fault of the book and him
who wrote it. That day we read no more.

    Ibid.

Questi sciaurati, che mai non fur vivi.
These wretches, who had never truly lived.

    Ibid.

Siete voi qui, ser Brunetto?
Are you here, Master Brunetto?

    Ibid., seeing his friend in hell among the Sodomites

Tanto gentile e tanto onesta pare
la donna mia quand'ella altrui saluta
ch'ogne lingua deven tremando muta
e li occhi no l'ardiscon di guardare.
So gentle and so modest doth appear
My lady when she giveth her salute,
That every tongue becometh trembling, mute;
Nor do the eyes to look upon her dare.

    Vita Nuova

Tu proverai si come sa di sale
Il pane atrui, e com'e duro calle
Lo scendere e'l salir par l'altrui scale
You shall learn how bitter is another man's bread,
how steep the stranger's stair.

    Ibid., Paradiso

Francesco Datini (1335-1410)
Che'l nome di Dio e di guadagno.
In the name of God and of profit.
> *Motto on the accounting books of Datini, the Merchant of Prato*

Niccolò Dell'Ammannato
Chi si leva a tempo, fa buona giornata e si può riposare all'albergo.
The early riser makes a good profit and can rest at night in an inn.

Carlo Dossi (1849-1910)
Il falso amico è come l'ombra che ci segue fin che dura il sole.
The false friend is like a shadow that follows you as long as there is daylight.
> *Note azzurre*

Umberto Eco (born 1932)
Della verità e del bene non si ride. Ecco perché Cristo non rideva. Il riso è fomite di dubbio.
One does not laugh about truth or goodness.That is why Christ never laughed. Laughter is a cause of doubt.
> *The Name of the Rose*

Perché non tutte le verità sono per tutte le orecchie, non tutte le menzogne possono essere riconosciute come tali da un animo pio.
Because not all truths are for all ears, not all falsehoods can be recognized as such by a pious soul.
> *Ibid.*

Una delle prime e piú nobili funzioni delle cose poco serie è di gettare un' ombra di diffidenza sulle cose troppo serie.
One of the chief and most noble purposes of frivolity is to cast a shadow of suspicion over anything too serious.

Diario minimo

Infanta Eulalia of Spain (1864-1958)
Il treno arriva all'orario.
The train is on time.

Quoting the first observable advantage of Mussolini's rule in Italy. [c.f. Mussolini]

Oriana Fallaci (1924-2006)
Essere donna è cosí affascinante. È un'avventura che richiede un tale coraggio una sfida che non annoia mai.
To be a woman is so fascinating. It's an adventure that demands such courage, a challenge that is never boring.

Intervista a un bambino mai nato

Federico Fellini (1920-93)
E la nave va.
And the ship departs.

Title of a film

Ferdinand IV (1751-1825)
Vestili come vuoi, fuggiranno sempre.
You can dress them however you like and they'll still run away.

To his nephew who had suggested changing the uniforms of the army

Marco Ferreri (1928-97)
Per essere considerato un classico un film deve riuscire a far sbadigliare almeno tre generazioni di spettatori.
To be considered a classic, a film must succeed in making at least three generations of movie-goers yawn.

Eduardo de Filippo (1900-84)
'A vita è tosta e nisciuno ti aiuta, o meglio ce sta chi t'aiuta ma una vota sola, pe' puté di': 't'aggio aiutato...'
Life is tough and no-one helps you, or rather there are those who help once, so that they can say, 'I did help you...'

> *Questi fantasmi*

'E denare teneno'e piede, 'e denare teneno 'e rote.
Money has feet, money has wheels.

> *Il sindaco del rione Sanità*

È figlie so' figlie.
A daughter is a daughter.

> *Filumena Marturana*

Ha da passà 'a nuttata.
We must get through the night.

> *Napoli milionaria!*

I fantasmi non esistono, li abbiamo creati noi, siamo noi i fantasmi.
There are no such things as ghosts. It is we who have invented them. We are the ghosts.

> *Questi fantasmi*

Ennio Flaiano (1910-72)

Certo, certissimo, anzi probabile.
Of course, most certainly. Or rather, probably.

Diario notturno

Coraggio, il meglio è passato.
Courage, the best has passed.

Gli italiani sono sempre pronti a correre in soccorso dei vincitori.
Italians are always ready to rush to the aid of winners.

Il peggio che può capitare a un genio è di essere compreso.
The worst thing that could happen to a genius is to be understood.

Una volta il rimorso mi seguiva, ora mi precede.
Regret used to follow me; now it precedes me.

St Francis (1181-1226)

Laudato si', mi' Signore, per sor' aqua, la quale è molto utile et humile et pretiosa et casta.
Be praised, my Lord, for sister water, who is very useful and humble and chaste.

Cantico delle creature

Laudato si', mi Signore, per sora luna e le stelle: in celu l'hai create clarite preziose e belle.
Be praised, my Lord, for sister moon and the stars in heaven you have made them clear and precious and lovely.

Laudato sie, mi' Signore, cum tucte le tue creature,
spetialmente messer lo frate sole, lo qual'è iorno, et allumini
noi per lui. Et ellu è bellu e radiante cum grande splendore: de
te, Altissimo, porta significatione.

Be praised, my Lord, with all your creatures, especially
master brother sun, who brings day, and by whom you
give us light. He is fair and radiant with a great splendour
– he draws his meaning, most High, from you.

Dario Fo (born 1926)
Come esistono oratori balbuzienti, umoristi tristi,
parrucchieri calvi, potrebbero esistere benissimo anche dei
politici onesti.

Just as there are stuttering orators, sad comics, bald
hairdressers, so too there could be honest politicians.

Giusto! l'hai detto! lo scandalo è il concime della
democrazia.

Right! You said it! Scandal is the fertilizer of
democracy.
  Accidental Death of an Anarchist

L'operaio conosce 300 parole, il padrone 1000. Per questo
lui è il padrone.

The worker knows 300 words while the boss knows
1000. That is why he is the boss.
  Grande Pantomima

Antonio Fogazzaro (1842-1911)
Piccolo mondo antico.

A little world of yesteryear.
  Piccolo mondo antico

G. Forzano (1884-1970)

O mio babbino caro.
O my beloved daddy.
  Puccini's Gianni Schicchi

Ugo Foscolo (1778-1827)

E l'armonia
vince di mille secoli il silenzio.
Harmony overcomes the silence of a thousand
centuries.
  Dei sepolcri

È meno male non aver leggi, che violarle ogni giorno.
It is better not to have laws than to break them every
day.
  Opere

Sorgon cosi tue divino
Membra dall'egro talamo,
E in te beltà rivive,
L'aurea beltà ond' ebbero
Ristoro unico a' mali
Le nate a vaneggiar menti mortali.
Your divine limbs thus rise from the sick bed and in
you beauty is restored. Celestial beauty which, alone,
gave solace from ills born in delirious mortal minds.
  All'amica risanata

Arnaldo Fusinato (1817-88)

Arte piú misera, arte piú rotta
Non c'è del medico che va in condotta.
Of all the arts unhappy, arts accurst, that of the

20

general practitioner's the worst.
Il medico condotto

Carlo Emilio Gadda (1893-1973)

L'attimo... fuggia, oh, che altro può fare un attimo?
The moment flashed by. Well, what else could a
moment do?
Quel pasticciaccio brutto de via Merulana

Galileo Galilei (1564-1642)

Eppur si muove!
Nevertheless it does move.
Having recanted before the Pope

I benefizi debbono scriversi in bronzo e le ingiurie nell'aria
Good things should be cast in bronze and bad ones
cast to the winds.
Opere

La maggior saviezza che sia, è conoscere se stesso.
The greatest wisdom there is is to know oneself.
Ibid.

Giuseppe Garibaldi (1807-82)

Chi ama l'Italia mi segua!
He who loves Italy, follow me!

Obbedisco.
I shall obey.
Dispatch August 9 1866, in reply to General la Marmora's order to retreat from the Tyrol

Qui si fa l'Italia o si muore.
Either we make Italy here or we die.
> To Nino Bixio at the Battle of Calatafimi

Roberto Gervaso (born 1937)
L'uomo è nato per soffrire, e ci riesce benissimo.
Man was born to suffer and succeeds at it very well.

Antonio Ghislanzoni (1824-93)
Celeste Aida, forma divina.
Heavenly Aida, divine form.
> Verdi's Aida

Giuseppe Giacosa (1847-1906) & Luigi Illica 1857-1919)
Che gelida manina! Se la lasci riscaldar.
Your tiny hand is frozen. Let me warm it into life.
> Puccini's La Bohème

E avanti a lui tremava tutta Roma.
Before him all Rome trembled.
> Puccini's Tosca
> Tosca, standing over Scarpia's body

Mi chiamano Mimi, ma il mio nome è Lucia.
They call me Mimi, but my name is Lucia.
> Puccini's La Bohème

Quando fanno il lor nido in America i pettirosi?
At what time of year in America do the robins nest?
> Puccini's Madame Butterfly

Simulata! Come avvenne del Palmieri! Hai ben compreso?
Simulated! As we did with Palmieri! You understand.

Puccini's *Tosca*

Scarpia to his henchman Spoletta, directing him to stage a mock execution.

Sono poeta. Che cosa faccio? Scrivo. E come vivo? Vivo.
I am a poet. What's my employment? Writing. Is that a living? I manage.

Puccini's *La Bohème.*

Un bel dì, vedremo levarsi un fil di fumo sull' estremo confin del mare. E poi la nave appare.
One fine day we'll notice a thread of smoke arising on the sea, on the far horizon. And then the ship appearing.

Puccini's *Madame Butterfly*

Vissi d'arte, vissi d'amore,
Non feci mai male ad anima viva!
I lived for art, I lived for love, I have never harmed a living soul!

Puccini's *Tosca*

Guglielmo Giannini (1891-1960)
L'Uomo qualunque.
The ordinary man.

Title of a weekly newspaper

Cinthio Giambattista Giraldi (1504-73)

Che deve far'altro un Re, che cercar sempre
Di far maggior lo stato, di acquistarsi
Maggior potenza?

What else should a king do, but always try to increase
his state and acquire greater power for himself?

Euphimia

Piú d'ogni inganno
D'uomo malvagio l'innocente ha potere.

Innocence has more power than all the deceits of an
evil man.

> *Selene*

Antonio Gramsci (1891-1937)

Il mio motto è sempre stato: pessimismo dell'intelligenza,
ottimismo della volontà.

My motto has always been: pessimism of mind and
optimism of will.

> *Lettere dal carcere*

Odio chi non parteggia, odio gli indifferenti.

I hate those who do not take sides. I hate people who
are indifferent.

> *Scritti giovanili*

Ogni movimento rivoluzionario è romantico, per
definizione.

All revolutionary movements are romantic, by
definition.

> *Ordine nuovo*

Quando discuti con un avversario, prova a metterti nei suoi panni... Ho seguito per qualche tempo questo consiglio dei saggi. Ma i panni dei miei avversari erano cosí sudici che ho concluso: è meglio essere ingiusto qualche volta che provare di nuovo questo schifo che fa svenire.
When arguing with an adversary, try putting yourself in his shoes... For a while, I followed this bit of advice from the sage. But my adversary' shoes were so smelly that I concluded it was sometimes better to be unfair than to faint from the stench.
   Scritti giovanili: 'La città future'

Bernardino Grimaldi (1837-97)
Laritmetica non è un'opinione.
Arithmetic is not an opinion.
   Attrib.

Carlo Goldoni (1707-93)
Chi fa presto fa bene, e chi fa subito fa meglio.
It is good to act swiftly, and even better to act at once.
   Il Talismano

È minestra senza sale
Nobiltà senza il poter.
Nobility without power is like soup without salt.
   Il re alla caccia

Il mondo è un bel libro, ma poco serve a chi non lo sa leggere.
The world is a beautiful book but it is of little use to him who cannot read it.

In questa vita per lo piú o si pena, o si spera, e poche volte si gode.
In this life, for the most part, you suffer or you hope, only rarely do you enjoy it.

Arlecchino – Servitore di due padroni

Le bugie sono per natura cosí feconde, che una ne suole partorir cento.
Lies are, by nature, so fertile that one begets a hundred.

Il bugiardo

Giovanni Guareschi (1908-68)
Chi non trova un biografo deve inventare la propria vita da solo.
He who doesn't find a biographer must invent his own life.

Francesco Guicciardini (1483-1540)
È natural' degli uomini, d'essere benigni, e mansueti estimatori delle azioni proprie, ma severissimi censori delle azioni d'altri.
It is in the nature of men to look benignly and gently upon their own acts, but to judge the actions of others most severely.

La buona fortuna degli uomini è spesso il maggior inimico che abbiano.
Man's good fortune is frequently his worst enemy.

Ricordi politici e civili

Piú tengono a memoria gli uomini le ingiurie, che i benefici ricevuti.
Men's memories are more tenacious of injuries than of benefits they have received.

Poiché si domandano cose sì disoneste, voi sonerete le vostre trombe e noi soneremo le nostre campane.
Since such dishonest things are being asked, you shall blow your horns and we shall ring our bells.
   Storia d'Italia

Piú tengono a memoria gli uomini le ingiurie, che i benefici ricevuti.
Men's memories are more tenacious of injuries than of benefits they have received.

Carlo Gozzi (1720-1806)
Chi trova l'amico, trova il tesoro, e se in bilancia metti l'ore e l'argento, piú l'amico pesa.
He who has found a friend has found a treasure, and if you add gold and silver to the equation, the friendship is worth still more.

Luigi Illica (see Giuseppe Giacosa)

Pope John XXIII (1881-1963)
Mi accade spesso di svegliarmi di notte e cominciare a pensare a una serie di gravi problemi e decidere di parlarne col Papa. Poi mi sveglio completamente e mi ricordo che lo sono il Papa!
It often happens that I wake up in the night and begin to think about a serious problem and decide I

must tell the Pope about it. Then I wake up
completely and remember I am the Pope!

*Tornando a casa troverete i bambini. Fate loro una carezza
e dite, questa è la carezza del Papa.*
When you go home you will find your little children.
Give them a caress and tell them: this is from the Pope.

Giuseppe Tomasi di Lampedusa (1896-1957)
*La ricchezza nei molti secoli di esistenza si era mutata in
ornamento, in lusso, in piaceri; soltanto in questo.*
The wealth of centuries had been reduced to
ornament, luxury, pleasure and nothing more.

*Il matrimonio è fuoco e fiamme per un anno, cenere per
trenta.*
Mariage is fire and flames for one year, ashes for thirty.

*Morfina questo rozzo sostituto chimico dello stoicismo
antico, della rassegnazione cristiana.*
Morphine, this crude chemical substitute for ancient
stoicism, for Christian resignation.
    Il Gattopardo

Se vogliam che tutto rimanga come è, bisogna che tutto cambi.
If we want things to stay as they are, everything will
have to change.
    Ibid.

Pope Leo X (attrib.) (1475-1521)
Godiamoci il papato poiché Dio ce lo ha dato!
God has given us the Papacy: now let us enjoy it!

Ruggiero Leoncavallo (1857-1919)

La commedia è finita.
The comedy is ended.
> *I Pagliacci; last line*

Vesti la giubba
Put on the costume. (On with the motley.)
> *Ibid.*

Giacomo Leopardi (1798-1837)

Arcano è tutto, fuor che il nostro dolor.
All is mysterious, except our pain.
> *Ultimo canto di Saffo*

Che fai tu, luna, in ciel? dimmi, che fai,
Silenziosa luna?
Sorgi la sera, e vai,
Contemplando i deserti; indi ti posi.
What are you doing, moon, there in the sky?
Tell me, what are you doing, silent moon?
You rise at evening, then go,
Gazing upon the desert, and then set.
> *Canto notturno di un pastore errante dell' Asia*

Così tra questa immensità s'annega il pensier mio: E il
naufragar m'è dolce in questo mare.
So through this immensity my thought is drowned;
and sweet it is to me to be shipwrecked in this sea.
> *L'infinito*

Dolce e chiara è la notte e senza vento, e queta sovra i tetti
e in mezzo agli orti Posa la luna, e di lontan rivela serena
ogni montagna.
The night is soft and clear, and no wind blows, the
quiet moon stands over roofs and orchards, revealing
from afar each peaceful mountain.

    La sera del dì di festa

Gli italiani non hanno costumi; essi hanno delle usanze.
The Italians have no customs: they only have habits.

    Zibaldone

I timidi non hanno, meno amor proprio che gli arroganti;
anzi più, o vogliamo dire più sensitivo; e perciò temono.
The timid have no less self-esteem than the arrogant,
indeed more, or perhaps a more sensitive kind; and that
is why they are afraid.

    Pensieri

O natura, o natura,
perché non rendi poi
quel che prometti allor? perché di tanto
inganni i figli tuoi?
O Nature, Nature, why,
Why do you not give now
The things you promised then, why so deceive
Your children, mortal men?

    Canti, A Silvia

Poiché voi, cittadine infauste mura,
Vidi e conobbi assai, là dove segue
Odio al dolor compagno.
For I have seen and known you too much, black city
walls where pain and hatred follow together.
    La vita solitaria

Vaghe stelle dell'Orsa, io non credea
Tornare ancora per uso a contemplarvi
Sul paterno giardino scintillanti,
E ragionar con voi dalle finistre
Di questo albergo ove abitai fanciullo
E delle gioie mie vidi la fine.
O you bright stars of the Bear, I did not think that I
should come once more, as was my custom, to gaze
upon you glittering above my father's garden, or
converse with you from the windows of this house,
where as a boy I lived, and saw the end of happiness.
    The Vagabond Path

Carlo Levi (1902-75)
La civiltà contadina è una civiltà senza stato, e senza
esercito: le sue guerre non possono essere che questi scoppi
di rivolta; e sono sempre, per forza, delle disperate sconfitte.
The peasant world has neither government nor army;
its wars can only be sporadic outbursts of revolt,
doomed to repression.
    Cristo si è fermato a Eboli

Primo Levi (1919-87)

Considerate se questo è un uomo
Che lavora nel fango
Che non conosce la pace
Che lotto per mezzo pane
Che muore per un sìo per un no.
Considerate se questa è una donna,
Senza capelli e senza nome
Senza piú forza di ricordare
Vuoti gli icchi e freddo il grembo
Come una rana d'inverno.

Reflect whether this is a man
Who toils in the mud
Who knows not peace
Who squabbles for a crust of bread
Who perishes because of a 'yes' or 'no'.
Reflect whether this is a woman
Who has had her hair shorn and is nameless,
Without the strength to remember,
Vacant eyes and frozen loins
Like a frog stranded in the winter.

  Introductory poem to Se questo è un uomo

Leo Longanesi (1905-57)

Un vero giornalista spiega benissimo quello che non sa.
A true journalist is one who can explain very well
what he doesn't know.

Niccolò Machiavelli (1469-1527)

E li uomini hanno meno respetto a offendere uno che si facci
amare che uno che facci temere; perché l'amore è tenuto da un
vinculo di obligo, il quale, per essere li uomini tristi, da ogni

occasione di propria utilità è rotto; ma il timore è tenuto da una
paura di pena che non ti abbandona mai.

Men hesitate less to offend one who makes himself
loved than one who makes himself feared; for love is
held by a chain of obligation, which, men being
selfish, is broken whenever it serves their purpose; but
fear is maintained by a dread of punishment, which
never fails.

The Prince

E nelle azioni di tutti gli uomini, e massime de' principi,
dove non è iudizio a chi reclamare, si guarda al fine. Facci
dunque uno principe di vincere a mantenere lo stato: e
mezzi saranno sempre iudicati onorevoli e da ciascuno
laudati.

In the actions of men, and especially of princes, from
which there is no appeal, the result is what matters.
Let a prince therefore aim at conquering and
maintaining the state, and the means will always be
judged honourable and praised by everyone.

Ibid.

Gli uomini nelle cose generali s'ingannano assai, nelle
particolari non tanto.

Men are apt to deceive themselves over generalities,
less so over particulars.

Ibid.

Le iniurie si debbano fare tutte insieme, acciò
che,assaporandosi meno, offendino meno: e benefizii si
debbano fare a poco a poco, acciò si assaporino meglio.

Injuries should be inflicted all together, so that, being less

tasted, they will give less offence. Benefits should be
granted little by little, so that they may be better enjoyed.
   Ibid.

*Li uomini dimenticano piú presto la morte del padre che la
perdita del patrimonio.*
Men forget the death of their fathers more rapidly than
the loss of their inheritance.
   Ibid.

*Lo spendere quello d'altri non ti toglie reputazione, ma te
ne aggiunge.*
You will increase rather than diminish your reputation
by spending the wealth of others.
   Ibid.

Ognun vede quel che tu pari, pochi sentono quel che tu sei.
Everyone sees what you seem to be, few realise what you
really are.
   Ibid.

*Qualunque volta alle universalità degli uomini non si toglie
né roba né onore, vivono contenti.*
Provided neither their property nor their honour is
touched, the majority of men live content.
   Ibid.

*Uno principe, il quale non sia savio per se stesso, non può
essere consigliato bene.*
A prince who is not wise himself cannot be well
advised.
   Ibid.

Curzio Malaparte (Kurt Erich Suckert) (1898-1957)

*Hanno un modo d'inginocchiarsi, che è piúttosto uno stare
in piedi con le gambe piegate: al contrario di tutti gli altri
italiani, che anche quando stan ritti sembra che stiano in
ginocchio.*

They have a way of kneeling that is a sort of standing
straight with bent legs, whereas all other Italians, even
when they stand straight, look as though they are
kneeling.

  Maledetti Toscani

Lo sanno tutti che razza di egoisti sono i morti.

Everyone knows what a bunch of egoists the dead are.

  La Pelle

*Un epigramma èuna pistola corta, e
ammazza piú sicuramente di un archibugio.*

An epigram is like a short pistol: it is more likely to
kill than an arquebus.

  Il battibecco

Goffredo Mameli (1827-49)

*Fratelli d'Italia
L'Italia s'è desta;
Dell'elmo di Scipio
S'è cinta la testa.*

Brothers of Italy, Italy has awakened and placed the
helmet of Scipio on her head.

  Fratelli d'Italia
  first lines of the Italian national anthem

Alessandro Manzoni (1785-1873)

Addio, monti sorgenti dall'acque, ed elevati al cielo; cime inuguali, note a chi è cresciuto tra voi, e impresse nella sua mente, non meno che lo sia l'aspetto de' suoi più familiari.

Farewell, mountains springing from the waters and rising to the sky; rugged peaks, familiar to any man who has grown up in your midst, you are impressed upon his mind as clearly as the features of his nearest and dearest.

I Promessi sposi

Carneade! Chi era costui?

Carneades! Now who was he?

Ibid.

'Or bene,' gli disse il bravo, all'orecchio, ma in tono solenne di comando, 'questo matrimonio non s'ha da far, né domani, né mai.'

'Look here,' said the ruffian in a low but solemn and commanding tone, 'there's not going to be any marriage, not tomorrow nor any other day.'

Ibid.

Que prudenti che s'adombrano delle virtú come dévizi predicano sempre che la perfezione sta sta nel mezzo; e il mezzo lo fissano giusto in quel dov'essi sono arrivati, e ci stanno comodi.

Those prudent folk who shrink from virtue as from vice, forever preaching that perfection lies in the middle; who fix the middle at the exact point where they themselves have arrived, and are comfortably settled.

Ibid.

Margherita, Queen of Italy (1851-1926)
Sempre avanti Savoia!
Ever onwards, Savoy!

Filippo Tommaso Marinetti (1876-1944)
Noi affermiamo che la magnificenza del mondo si è arricchita di una bellezza nuova: la bellezza della velocità.
We state that the world's magnificence has been blessed by a new kind of beauty: the beauty of speed.
  Manifesto del futurismo

E. A. Mario (Gioviano E Gaeta) (1884-1961)
Il Piave mormorava, calmo e placido al passaggio dei primi fanti il ventiquattro maggio.
The Piave [river] murmured calm and placid under the passing of the first infantry on 24 May.
  I canti delle trincee

Marcello Mastroianni (1924-96)
Quando ti chiamano latin lover sei nei guai. Le donne a letto si aspettano da te una performance da Oscar.
When they call you a Latin lover you're trouble. It means that, in bed, women will expect an Oscar performance from you.

Giuseppe Mazzini (1805-72)
L'Angelo della famiglia è la Donna. Madre, sposa, sorella, la Donna è la carezza della vita, la soavità dell'affetto diffusa sulle sue fatiche, un riflesso sull'individuo della Provvidenza amorevole che veglia.
The Guardian Angel of the family is the woman. Mother, wife and sister, she is the gentle caress of life,

sweet affection diffused throughout her toils, an individual reflection of loving Providence, keeping watch over humanity.

Opere scelte

L'educazione è il pane dell'anima.
Education is the bread of the soul.

Dei doveri dell'uomo

La legge della Vita è PROGRESSO.
The law of life is PROGRESS.

Ibid.

La vita vi fu... data da Dio perché ne usiate a benefizio dell' umanitá... Dovete educarvi ed educare, perfezionarvi e perfezionare.
Life is given by God to be used for the benefit of mankind. You must educate yourselves and teach others. You must better yourselves and better others.

Ibid.

Noi affermiamo che la magnificenza del mondo si è arricchita di una bellezza nuova: la bellezza della velocità.
We state that the world's magnificence has been blessed by a new kind of beauty: the beauty of speed.

Manifesto del futurismo

Lorenzo Medici (1449-92)
Cogli la rosa, o ninfa, or ch'è il bel tempo.
Gather the rose, o nymph, while the weather is fair.

Corinto

Quant'e' bella giovinezza
Che si fugge tuttavia!
Chi vuol esser lieto, sia: di doman non c'è certezza.
How lovely youth is that ever flies!
Who wishes to be glad, let him be so: there is no
certainty in tomorrow.

    Canti carnascialeschi, Trionfo di Bacco e Ariane

Luigi Mercantini (1821-72)

Eran trecento, eran giovani e forti, e sono morti!
They were three hundred; they were young and
strong; and now they are dead!

    La spigolatrice di Sapri

Pietro Metastasio (1698-1782)

Che la pace mal finge nel volto
Chi sente la Guerra nel cor.
It is difficult for a man who has war in his heart to
wear a look of peace upon his brow.

Come dell'oro il fuoco
Scopre le masse impure,
Scoprono le sventure
De' falsi amici il cor.
As fire is the test of pure gold, adversity is the test of
true friendship.

    Olimpiade

Dove forza non val giunga l'inganno.
Where force cannot prevail, cunning steps in.

    Didone abbandonata

È la fede degli amanti
come l'Araba fenice:
che vi sia ciascun lo dice,
dove sia, nessun lo sa.
The faithfulness of lovers is like the Arabian phoenix:
everyone says that it does exist, but exactly where,
nobody knows.

  Demetrio

Il buon si perde,
Talor cercando il meglio.
Sometimes good is lost in trying to achieve better.

  Ipermestra

Ne' giorni tuoi felici ricordati di me.
In your happy days remember me.

Non so se la speranza
Va coll'inganno unita;
So che mantiene in vita
Qualche infelice almen.
I don't know whether hope should be tied to deceit;
but I do know that at least it keeps some unhappy
people alive.

Saggio guerriero antico
Mai non ferisce in fretta:
Esamina il nemico,
Il suo vantaggio aspetta.
The wise old soldier is never in haste to strike a blow:
he studies the enemy and waits for his advantage.

  Adriano in Siria

*Sogni e favole io fingo; e pure in carte mentre favole e sogni
orno e disegno, in lor, folle ch'io son, prendo tal parte, che
del mal che inventai piango e mi sdegno.*

Dreams and fables I fashion; and even while I sketch
and elaborate fables and dreams upon paper, fond as I
am, I so enter into them that I weep and am indignant
over ills I invented.

Nel comporre l'Olimpiade

Eugenio Montale (1896-1981)

*Avrei voluto sentirmi scabro ed essenziale soccome I ciottoli
che tu volvi, mangiati dalla salsedine.*

I should like to have felt myself rough and
fundamental, like the pebbles you are turning over,
eaten by the salt tides.

Mediterraneo

*Meriggiare pallido e assorto
Presso un rovente muro d'orto.*

To laze at noon, pale and absorbed, by a scorching
garden wall.

Meriggiare pallido e assorto

Indro Montanelli (1909-2001)

*Gli uomini sono buoni coi morti quasi quanto son cattivi
coi vivi.*

Men are kindly disposed towards the dead almost as
much as they are cruelly disposed towards the living.

Gli incontri

Vincenzo Monti (1754-1828)
Bella Italia, amate sponde
Pur vi torno a riveder!
Trema in petto e si confonde
L'alma oppressa dal piacer.
Beautiful Italy, beloved shores,
again at last I behold you!
My heart throbs in my breast,
and my soul is overwhelmed with joy.

Bella Italia

Co' nemici la clemenza è bella più assai che la vendetta.
Clemency towards the enemy is better than starting a
vendetta.

   Galeotto Manfredi

Elsa Morante (1912-85)
La camera a gas è l'unico punto di carità, nel campo di
concentramento.
The gas chamber is the only charitable place in the
concentration camp.

   La storia

Alberto Moravia (1907-90)
L'invidia è come una palla di gomma che più la spingi sotto
e più ti torna a galla.
Envy is like a rubber ball: the more you push it under,
the more it bobs to the surface.

   Racconti romani

Aldo Moro (1916-78)

È un tipico caso di convergenze parallele.
It is a classic case of converging parallels.

> *Moro's elliptical way of describing Christian Democrat and*
> *Communist Cooperation; in a speech at Benevento,*
> *November 18, 1977*

Michele Mozzati and Gino Vignali

In Russia sta proprio cambiando tutto.
Ho visto dei bambini che mangiavano i comunisti.
In Russia, things are really changing. I saw some
children eating communists.

Benito Mussolini (1883-1945)

Ho bisogno di mille morti per sedermi al tavolo della pace.
I need one thousand dead to sit down at the peace
table.

Il pittoresco ci ha fregati per tre secoli.
The picturesque has duped us for three centuries.

> *Party speech of 25 October, 1938*

La parola d'ordine è vincere. E vinceremo.
The password is win. And win we will.

> *On declaring war against France*

Libro e moschetto, fascista perfetto.
A book and a gun make a perfect Fascist.

> *Il Libro Unico*
> *Italian schoolchildren's textbook*

Sanzionati non sanziano.
Nations who have suffered sanctions do not sanction others.

> *When asked if Italy would participate in sanctions against Germany in 1936*

Spezzeremo le reni alla Grecia.
We'll crush Greece. (Lit. We will break the kidneys of Greece.)

> *Declaring war on Greece, but now denoting something which will fail disastrously*

Voglio partire in perfetto orario... D'ora innanzi ogni cosa deve camminare alla perfezione.
I want to leave precisely on time. From now on, everything must work perfectly.

> *To a station master [c.f. Infanta Eulalia]*

Pietro Nenni (1891-1980)
In Italia quando una cosa non è più proibita diventa obbligatoria.
In Italy, when something is no longer forbidden, it becomes obligatory.

Ugo Ojetti (1871-1946)
Una puntura di zanzara prude meno, quando sei riuscito a schiacciare la zanzara.
A mosquito bite itches a lot less after you've squashed the mosquito.

Ruggero Orlando (1907-1994)

Amici vicini e lontani, buona sera.

Good evening, friends near and far.

> *The opening greeting of RAI-TV's (Italian state television)*
> *former New York news correspondent*

Aldo Palazzeschi (1885-1974)

L'essere canzonati un pochino, e qualche volta un po' di piú,
è cosa che attrae molto, tanto gli uomini che le donne, piú
assai che l'essere trattati con serietà e rispetto.

To be ribbed a little – and sometimes even a bit more
– really appeals to men as well as women far more
than to be taken seriously and respectfully.

> *Le Sorelle Materassi*

Largo! Sono il poeta!
Io vengo da lontano,
il mondo ò traversato
per venire a trovare
la mia creatyra da cantare!

Make way! I am the poet!
I've come from afar,
I've travelled the globe
to come and find
my muse of song!

> *L'incendiario*

Paolo Giovio (attrib.) (1483-1552)

Qui giace l'Aretin poeta tosco,
Che disse mal d'ognun fuor che di Dio
Scusandosi col dir, non lo conosco.

The Tuscan poet Aretino lies below,

Who spoke evil of everyone save God,
And for excuse said: 'Him I do not know.'

   Epitaph for Pietro Aretino

Giovanni Pascoli (1855-1912)

*A una a una le foglie d'acacia si tolsero senza vento, col
leggero fremito d'anima che passi.*

One by one, the acacia leaves dropped, without a hint
of wind, with the slight quiver of a passing soul.

   Prose

È l'alba: si chiudono I petali
Un poco gualciti; si cova,
dentro l'urna molle e segreta,
non so che felicità nuova.

It is dawn: the petals close, slightly crumpled; some
new happiness nests in the soft and secret urn, I
cannot say what.

   The Jasmine at Night

O cavallina, cavalina storna,
Che portavi colui che non ritorna;
lo so, lo so, che tu l'amavi forte!
Con lui c'eri tu sola alla sua morte.

O little mare, little grey mare,
Who bore him who will not return;
I know, I know how much you loved him!
You and you alone were with him at his death.

   Canti di Castelvecchio, La cavalla storna

Pier Paolo Pasolini (1922-75)

Vivo nel non volere
Del tramontato dopoguerra: amando
Il mondo per odio.

I live unwillingly in the postwar twilight, loving a
world I hate.

Le ceneri di Gramsci

Luciano Pavarotti (1935-2007)

Chi sa fare la musica la fa, chi la sa fare meno la insegna,
chi la sa fare ancora meno la organizza, chi la sa fare cosí
cosí la critica.

Those who know how to make music do so; those
who know a little less, teach it; those who know less
still, arrange it; and those who do it only so-so,
criticize.

Se é vero che ci si abitua al dolore, come mai con l'andare
degli anni si soffre sempre di piú?

If it is true that one grows accustomed to pain, why is
it that, as the years go by, one suffers even more?

Il mestiere di vivere, November 21, 1937

Cesare Pavese (1908-50)

Aspettare è ancora un'occupazione. È non aspettar niente
che è terribile.

Waiting is still an occupation. It's not having anything
to wait for that is terrible.

Ibid., September 15, 1946

Chiodo schiaccia chiodo, ma quattro chiodi di seguito formano una croce.
One pain drives out another, but four in a row will crucify you.

La ricchezza della vita è fatta di ricordi, dimenticati.
Life's wealth is in its memories, forgotten memories.
  Il mestiere di vivere

Lavorare stanca.
Work is tiring
  Title of a book

Le lezioni non si danno, si prendono.
Lessons are not given. They are taken.
  Il mestiere di vivere

Non si ricordano i giorni, si ricordano gli attimi.
One doesn't remember the days, but rather the fleeting seconds.
  Ibid., July 28, 1940

Per tutti la morte ha uno sguardo. Verrà la morte e avrà I tuoi occhi.
Death has its eye on all of us. Death will come and it will have your eyes.
  Verrà la morte e avrà i tuoi occhi

Si resiste a star soli finché qualcuno soffre di non averci con sé, mentre la vera solitudine è una cella intollerabile.
One can stand being alone as long as one knows that

one is missed, but true solitude is like an unbearable cell.

Prima che il gallo canti

Silvio Pellico (1789-1854)

Curioso fatto, che il vivere arrabbiato piaccia tanto! Vi si pone una specie d'eroismo. Se l'oggetto contro cui ieri si fremeva è morto,se ne cerca subito un altro. 'Di chi mi lamenterò oggi? Chi odierò? Sarebbe mai quello il mostro?... Oh gioia! l'ho trovato.'

What a strange thing it is, that living with anger is all the rage! It becomes a type of heroism. If the object of yesterday's vexation drops dead, one goes right out in search of another. 'About whom will I complain today? Whom can I hate? Might it just be that monster over there?... Oh great! I've found him!'

Le mie prigioni

L'uomo infelice ed arrabbiato è tremendamente ingegnoso a calunniare i suoi simili e lo stesso Creatore. L'ira è più immorale, più scellerata che generalmente non si pensi.

The unhappy and angry man is extremely clever at slandering his fellow men and even his Creator. Anger is more immoral, more wicked, than one generally thinks.

Ibid.

Una diffidenza moderata può esser savia: una diffidenza oltrespinta, non mai.

To be moderately distrustful is wise; to be excessively so is not.

Ibid.

Tullio Pericoli *(b. 1936)* *&* **Emanuele Pirella** *(b. 1940)*
Che paese l'Italia: mi sono distratto un attimo e non è
successo niente.
What a country Italy is: I was distracted for a second
and nothing at all happened.

Francesco Petrarch *(1304-74)*
Chiare, fresche e dolci acque ove le belle membra pose colei
che sola a me par donna.
Clear, fresh and sweet waters where she who alone
seems woman to me rested her lovely limbs.

   Chiare fresche e dolci acque

E del mio vaneggiar vergogna è 'l frutto e'l pentersi e'l
conoscer chiaramente che quanto piace al mondo è breve
sogno.
And the fruit of my vanity is shame, and repentance,
and the clear knowledge that what ever the world
finds pleasing is but a brief dream.

   Voi ch'ascoltate in rime sparse il suono

Lasso! non di diamante, ma d'un vetro
Veggio di man cadermi ogni speranza:
E tutti miei pensier romper nel mezzo.
Ah, wretched me! Now I can see only too well that each
hope, unlike a diamond, is but a fragile mirror shattered
into fragments.

   Sonnets

Il bel paese
Ch'Appenin parte, e'l mar
circonda e l'Alpe

The lovely land ridged by the Apennines, which sea
and Alps environ.

Sonetto in vita di M. Laura

Io parlo per ver dire
Non per odio d'altrui nè per disprezzo.
I speak to tell the truth
And not in hatred or contempt of others.

Canzoni sopra vari argomenti, IV

La gola e'l sonno e l'oziose piume hanno
del mondo ogni virtù sbandita; ond'è
dal corso suo quasi smarrita nostra natura, vinta dal
costume.
Gluttony and dullness and slothful couches have
banished every virtue from the world; so that our
nature, overcome by habit, has all but lost the way.

Lo spirito è pronto, ma la carne è debole.
The spirit is willing but the flesh is weak.

Rapido fiume, che d'alpestra vena

Solo e pensoso I piú deserti campi
vo mesurando a passi tardi e lenti,
e gli occhi porto per fuggire intenti
ove vestigio uman la rena stampi.
Alone and pensive, I pace the most deserted fields
with slow hesitant steps, and I am watchful so as to
flee from any place where human traces mark the
sand.

Solo e pensoso

Vergine bella, che di sol vestita,
Coronata di stelle.
Fair virgin, clothed in sunlight, crowned with stars.
  La Ricordanze

Ettore Petrolini (1884-1936)
L'arte stà nel deformare.
The art of distortion.
  Al mio pubblico: I pirati della varietà
  on acting

Francesco Maria Piave (1810-67)
La donna è mobile
qual piuma al vento,
muta d'accento
e di pensiero.
Sempre un amabile
Leggiadro viso,
In pianto o in riso,
è menzognero.
Woman is fickle, as a feather in the wind, she changes
her tune and her thoughts. A sweet, fair face, in tears
or in laughter, always deceives us.
  Verdi's Rigoletto

Antonio Di Pietro (born 1950)
L'Italia si sta tirando fuori il suo dente; che ciascuno degli
altri Paesi provi a cavare il suo di dente.
Italy is pulling out her own rotten teeth; let all other
countries pull out their own.
  Speech delivered in Toronto, 1993

Luigi Pintor (1925-2005)

I privilegi si accantonano ma non si perdono mai.
Privileges may be set aside, but they are never lost.
Servabo: Il matrimonio

Luigi Pirandello (1867-1936)

Abbiamo tutti dentro un mondo di cose; ciascuno un suo mondo di cose! E come possiamo intenderci, signore, se nelle parole ch'io dico metto il senso e il valore delle cose come sono dentro di me; mentre chi le ascolta, inevitabilmente le assume col senso e col valore che hanno per sé, del mondo com'egli l'ha dentro? Crediamo d'intenderci; non c'intendiamo mai!

Each one of us has a whole world of things inside him; and each one of us has his own particular world. How can we understand each other if I put into my words the sense and the value of things as I understand them within myself... while at the same time whoever is listening to them inevitably assumes them to have the sense and value that they have in the world that he has within him? We think we understand one another... But we never really do understand!

Six characters in Search of an Author

Cosí è se vi pare.
So it is, if you think so.
Title of a play

Il sogno è vita.
Dreams are life.
La vita che ti diedi

Non vuoi capire che la tua coscienza
Significa appunto gli altri dentro di te?
Can't you see that your conscience means, in fact,
those others inside you?

Ciascuno a modo suo

Perché civile, esser civile, vuol dire proprio questo: dentro,
neri come corvi; fuori, bianchi come colombi; in corpo fiele;
in bocca miele.
To be civil means precisely this: inside as black as a
crow; outside as white as a dove; in body rancorous;
in speech honeyed.

L'uomo, la bestia e la virtè

Possiamo dunque vedere e conoscere soltanto ciò che di noi
è morto. Conoscersi è morire.
[Thus] we can see and know only that part of
ourselves which is dead. To know oneself is to die.

Novelle per un'anno

Emanuele Pirella (b. 1970) & Tullio Pericoli (b. 1975)
Che paese l'Italia: mi sono distratto un attimo e non è
successo niente.
What a country Italy is: I was distracted for a second
and nothing at all happened.

Pitigrilli (Dino Segre) (1893-1975)
C'è un tale bisogno d'amore nel mondo, che certe donne
amano persino il proprio marito.
There is such a need for love in the world that some
women even love their own husbands.

Lorenzo Da Ponte (1749-1838)

Cosí fan tutte.
That's what all women do.
> *Title of Mozart's opera*

Se vuol ballare, signor Contino,
Se vuol ballare, signor Contino,
il chitarrino le suonerò,
il chitarrino le suonerò, si,
le suonerò, si, le suonerò
If you want to dance, Count,
If you want to dance, Count,
I will play my small guitar for you,
yes, my small guitar I will play for you,
yes, I will play for you, play for you.
> *Mozart's Le Nozze di Figaro*

Voi che sapete, che cosa è amor?
Donne, vedete s'io l'ho nel cor.
Donne, vedete s'io l'ho nel cor.
Quello ch'io provo vi ridirò.
You who know these things, what is love? Ladies, see
whether I have it in my heart. Ladies, see whether I
have it in my heart. And I shall tell you what I feel.
> *Ibid.*

Carlo Ponti (1912-2007)

Se un film ha successo, è un affare: se non ha successo, è arte.
If a film is successful, it is commercial; if it isn't, it's art.

Proverbs

Ai mali estremi, estremi rimedi.
For severe ills, severe remedies.

Bacco, tabacco e Venere
Riducon l'uomo in cenere.
Wine, the weed and women will finish a man off. (Lit:
Bacchus, tobacco and Venus reduce a man to ashes.)

Chi ha denti, non ha pane; e chi ha pane, non ha denti.
He who has teeth, has no bread; and he who has
bread, has no teeth.

Chi non fa, non falla.
He who does nothing makes no mistakes.

Chi non risica non rosica.
He who risks not, nibbles not.

Chi va piano va sano, e chi va sano va lontano.
He who goes slowly goes wisely, and he who goes
wisely goes far.
> (Used by Carlo Goldoni in I Volponi, with the wording:
> 'Chi va piano va sano e va lontano.')

Dal dire al fare c'è di mezzo il mare.
Between saying and doing lies a divide as great as the
sea.

È meglio aver oggi un uovo, che domani una gallina.
It is better to have an egg today than a hen tomorrow.

Fiorentin mangia fagioli
Lecca piatti e tovaglioli.
The Florentine who eats beans
Licks the plate and tablecloth clean.
  Florentine saying

Il diavolo fa le pentole, ma non i coperchi.
The devil makes pots, but he doesn't make the lids
(*i.e.* you can conceal a bad deed but it's liable to be
exposed).

Il diavolo invecchioto, si fece frato.
The devil grows old, he becomes a friar.

Il piú bel fior ne coglie.
It collects only the finest flowers.
  Motto of the Accademia della Crusca which oversees the
  'purity of the Italian language'

Inglese italianizzato, Diavolo incarnato.
An Englishman Italianized is the devil incarnate.

La botte piena non fa rumore.
The full barrel makes no noise.

La lingua batte dove il dente duole.
The tongue always touches the aching tooth.

Mal comune mezzo gaudio.
A sorrow shared is almost a joy.

Natale con I tuoi,
Pasqua con chi vuoi.
Spend Christmas with the family and Easter with
whomever you wish.

Non c'è piú religione!
What have things come to!

Ogni medaglia ha il suo rovescio.
Every medal has its reverse side. (There are two sides
to every story.)

Pagherete caro,
Pagherete tutto.
You'll pay dearly, you'll pay for everything.
  Slogan of the left

Piove, governo ladro
It's raining, and the government's to blame.

Pochi, maledetti e subito!
A cursed pittance, and quickly!
  Familiar reference to cash transactions

Quando Dio non vuole,
Il santo non puole.
When God will not, the saint cannot.

Roma o morte.
Rome or death.
  'Garibaldini' war cry, by Garibaldi's followers at
  Aspromonte and Mentana

Si non è vero, è ben trovato.
If not true, it is very ingenious.

Tre cose cacciano l'uomo di casa:
Fumo, goccia e fimmina arrabiata.
Three things will make a man flee from home: smoke,
a leaking roof and an angry wife.
    Saying

Uomo avvisato è mezzo salvato.
A man forewarned is halfway saved.

Voler la botte piena e la moglie ubriaca
To want one's cask full and one's wife drunk. (To have
your cake and eat it.)
    Saying

Salvatore Quasimodo (1901-68)
Ognuno sta solo sul cuor della terra trafitto da un raggio di
sole: ed è subito sera.
Each one stands alone at the heart of the earth,
pierced by a ray of sunlight: and soon it is evening.
    Ed è subito sera

Felice Romani (1788-1865)
Casta Diva che inargenti queste sacre piante.
Chaste goddess, who silvers these ancient sacred trees.
    Bellini's Norma

Gioacchino Rossini (attrib.) (1792-1868)
Datemi una nota della lavandaia e la metterò in musica.
Give me a laundry list and I will put it to music.

Giuseppe Saragat (1898-1988)

Gli italiani guadagnano netto, ma vivono lordo.
Italians earn net, but they live gross.

Leonardo Sciascia (1921-89)

L'umanità... la divido in cinque categorie: gli uomini, i
mezz'uomini, gli uominicchi, i pigliainculo e i
quaquaraquà.
I divide humanity into five categories: men, half-men,
pigmies, arse-crawlers and duck-like quackers.

   Il giorno della civetta

Simoni (see Adami)

Temistocle Solera (1815-78)

Va pensiero, sull'ali dorate;
Va ti posa sui clivi, sui colli,
Ove olezzano libere e molli
L'aure dolci del suolo natal!
Go, O thought, on golden wings: go and land on high
and low hills, where the air of our native land gives
out a mild, sweet and subtle scent

   Verdi's Nabucco

Cesare Sterbini (1784-1831)

Figaro...Figaro...
Son qua, son qua.
Figaro qua, Figaro là,
Figaro su, Figaro giú
Pronto prontissimo
Son come il fulmine:

Figaro… Figaro…
I'm here, I'm here
Figaro here, Figaro there
Figaro up, Figaro down
I'm like a streak of lightning:
  Rossini's Il Barbiere di Siviglia

Italo Svevo (1861-1928)

Il mentitore dovrebbe tener presente che per essere creduto non bisogna dire che le menzogne necessarie.
The liar ought to bear in mind that, in order to be believed, he should tell only those lies which are necessary.
  La coscienza di Zeno

Torquato Tasso (1544-95)

A re malvagio, consiglier peggior.
To an evil king, worse counsellor.
  Gerusalemme liberata

Chi la pace non vuol, la guerra s'abbia.
He who doesn't want peace shall have war.
  Ibid.

*Chè sovente addivien che 'l saggio e 'l forte
Fabbro a sè stesso è di beata sorte.*
The wise and bold man often creates his own good fortune.
  Ibid.

*Cogliam' la rosa in sul mattino adorno
Di questo di che tosto il seren perde.*

61

Gather the rose while time thou hast.
Short is the day once it has begun.

   Ibid.

Il giovinetto cor s'appaga e gode
Del dolce suon della verace lode.
The young one's heart is fulfilled and enjoys
The sweet sound of true praise.

   Ibid.

Ma facciam noi ciò che a noi fare conviene; Darà il Ciel,
darà il mondo ai piú forti!
Let us do what suits us; Heaven will provide, and give
the world to the ablest.

Muoiono le città, muoiono I regni:
Copre i fasti e le pompe arena ed erba;
e l'uom d'esser mortal par che si sdegni.
Oh nostra mente cupida e superba!
Proud cities vanish, states and realms decay,
The world's unstable glories fade away,
Yet mortals dare of certain fate complain,
O impious folly of presuming man.

   Gerusalemme liberata

Risorgerò nemico ognor piú crudo,
Cenere anco sepolto, e spirito ignudo.
Though in the grave my body buried lies, still fiercer
foeman shall my spirit rise.
(Also translated as: Still will I rise, a more inveterate
foe/And, dead, pursue them from the shades below.)

   Ibid.

Ugo Tognazzi (1922-90)
L'ispettore delle imposte crede esattamente il doppio di
quello che gli si dice.
The tax inspector believes exactly double what he is
told.

Trilussa (Carlo Alberto Salustro) (1871-1950)
C'è un' Ape che si posa
Su un bottone di rosa:
lo succhia e se ne va...
Tutto sommato, la felicità
è una piccola cosa.
A bee on a rosebud comes to light,
Drinks the nectar and then takes flight:
All things considered, how slight
Are the things which bring us most delight.
  La felicità

Roma di travertino, rifatta di cartone, saluta l'imbianchino,
suo prossimo padrone.
Rome of travertine, rebuilt in cardboard, greets the
house painter who will be her next master.
  About Hitler's visit to Rome, 1938

Giuseppe Ungaretti (1888-1970)
Balaustrata di brezza
per appoggiare stasera
la mia malincolia.
Balustrade of breeze where leans my melancholy this
evening.
  L'Allegria

Cessate d'uccidere I morti,
Non gridate più, non gridate
Se il volete ancora udire,
Se sparate di non perire.
Hanno l'impercettibile sussurro,
Non fanno più rumore
Del crescere dell'erba,
Lieta dove non passa l'uomo.
Stop killing the dead,
Cry out no more, do not cry out
If you would hear them still,
If you would hope not to die.
Their whisper is slight,
They are no louder
Than the growing of grass,
Happy where man does not pass.
    Sentimento del tempo, Non gridate piú

Col mare
mi sono fatto
una bara
di freschezza
Of the sea I have made me a coffin of coolness.
    L'Allegria

Il vero amore é una quiete accesa.
True love is an illuminated calm.
    Sentimento del tempo, Silenzio in Liguria

M'illumino d'immenso
I fill myself with the light of immensity.
    L'Allegria; Mattina

Non ne posso piú di stare murato
Nel desiderio senza amore.
Una traccia mostraci di giustizia.
La tua legge qual'è?
Fulmina le mie povere emozioni,
Liberami dall'inquietudine.
Sono stanco di urlare senza voce.
I can no longer bear being imprisoned
In desire without love.
Show us a hint of justice.
What is your law?
Blast my poor feelings,
Free me from restlessness.
I am tired of howling voicelessly.
    Sentimento del tempo, La pieta

Poeti, poeti, ci siamo messi tutte le maschere.
Poets, poets, we are all wearing masks.
    Un grido e paesaggi, Monologhetto

Si sta come d'autunno sugli alberi le foglie.
One is like autumn's leaves on a tree.
    L'allegria

Giorgio Vasari (1511-74)
Tutto la notte Paulo [Uccello] stava nello scrittoio per
trovare i termini della, e... quando ella (la moglie) lo
chiamava a dormire, egli le diceva: 'Oh che dolce cosa
èquesta prospettiva!'
All night, Paolo [Uccello] used to stay in his study,
trying to work out the vanishing points of his
perspective and, when his wife called him to bed, he

65

would say, 'Oh what a lovely thing this perspective is!'

Lives of the Artists

Giovanni Verga (1840-1922)

I giovani hanno la memoria corta, e hanno gli occhi per guardare solo a levante; e a ponente non ci guardano altro che i vecchi, quelli che hanno visto tramontare il sole tante volte.

The young have short memories and gaze only eastward. Those who look west are the elderly, who have already seen the sun set many times before.

I Malavoglia

Soltanto il mare gli brontolava la solita storia lì sotto, in mezzo ai faraglioni, perché il mare non ha paese nemmeno lui, ed è di tutti quelli che lo stanno ad ascoltare.

Only the sea thundered away at him in its usual way, down there between the rocks, because the sea, too, belongs to none but those who stay to listen.

Ibid.

Leonardo da Vinci (1452-1519)

Chi non punisce il male comanda lo si faccia.

He who does not punish evil commands it to be done.

Scritti letterari

Chi vuol essere ricco in un dì, è impiccato in un anno.

He who seeks wealth in a day will hang in a year.

Ibid.

L'esperienza non falla mai, ma sol fallan i nostri giudizi promettendosi di lei cose che non sono in sua potestà.
Experience never errs; it is only our judgement that errs in promising itself things that experience has shown are not possible.

The Notebooks

L'uomo ha grande discorso, del quale la piú parte è vano e falso; gli animali l'hanno piccolo, ma è itile e vero. È meglio la piccola certezza che la grande bugia.
Men talk largely and most of it is pointless and incorrect. Animals on the other hand speak but little. What they say is useful and true. Thus a small certainty is better than a big lie.

Scritti letterari

La Pittura è una Poesia muta, e la Poesia è una Pittura cieca.
Painting is a mute poem and poetry a blind painting.

Quelli che s'innamoran di pratica senza scienza, son come 'l nocchiere, ch'entra in naviglio senza timone o bussola, che mai ha certezza dove si vada.
Those who are enamoured of practice without science are like the pilot who embarks in a ship without rudder or compass and who is never certain where he is going.

Ibid.

*Siccome una giornata bene spesa dá lieto dormire, così una
vita bene usata dà lieto morire.*
As a well-spent day brings happy slumber, so a life
well-used brings happy death.

   Ibid.

Tu, o Iddio, ci vendi tutti li beni per prezzo di fatica.
Thou, O God, dost sell unto us all good things for the
price of labour.

   Ibid.

Elio Vittorini (1908-66)
*Non proviamo più soddisfazione a compiere il nostro
dovere, i nostri doveri... Perchè sono doveri troppo vecchi,
troppo vecchi e divenuti troppo facili, senza più significato
per la coscienza.*
We no longer feel rewarded by doing our duty, our
duties... Because they are such wornout old duties,
too old, and they've become so automatic. They no
longer have any significance in our consciences.

   Conversazione in Sicilia

Alfieri Vittorio (1749-1803)
*Per ben parlare e assai sapere
Non sei stimato senza l'avere.*
No matter how well-spoken or wise you are, you are
nothing without money.

   Satire

La Zanzara

Vogliamo che ognuno sia libero di fare ciò che vuole a patto che ciò non leda la libertà altrui. Per cui assoluta libertà sessuale e modifica totale della mentalità.

We want everyone to be free to do what he wants, provided it doesn't interfere with the freedom of others. Thus total sexual freedom and a complete change in mental attitude.

From a 1966 editorial in La Zanzara *newspaper on the Parini high school in Milan*

INDEX